www.ingramcontent.com/pod-product-compliance
Lightning Source LLC
LaVergne TN
LVHW072000060526
838200LV00010B/245
9781834162836

מִלּוֹן תְּמוּנוֹת רִאשׁוֹן

חַיּוֹת

First Picture Dictionary

Animals

פַּרְפַּר

Butterfly

חֲזִיר

Pig

שׁוּעָל

Fox

אַרְנֶבֶת

Rabbit

אֻיַּר עַל־יְדֵי אָנָה אִיוָנִיר

www.kidkiddos.com
Copyright ©2025 by KidKiddos Books Ltd.
support@kidkiddos.com

All rights reserved. No part of this book may be reproduced in any form or by any electronic or mechanical means, including information storage and retrieval systems, without written permission from the publisher, except in the case of a reviewer, who may quote brief passages embodied in critical articles or in a review.
First edition, 2025

Library and Archives Canada Cataloguing in Publication
First Picture Dictionary - Animals (Hebrew English Bilingual edition)
ISBN: 978-1-83416-282-9 paperback
ISBN: 978-1-83416-283-6 hardcover
ISBN: 978-1-83416-281-2 eBook

דּוֹב

Bear

קֶנְגּוּרוּ

Kangaroo

תַּנִּין

Crocodile

גָּמָל

Camel

זֶבְּרָה

Zebra

חַיּוֹת בַּר

Wild Animals

אַרְיֵה

Lion

נָמֵר

Tiger

גִּ'ירָפָה

Giraffe

✦הַגִּ'ירָפָה הִיא הַחַיָּה הַגְּבוֹהָה בְּיוֹתֵר עַל הַיַּבָּשָׁה.

✦*A giraffe is the tallest animal on land.*

פִּיל

Elephant

קוֹף

Monkey

אֱיָל קוֹרֵא

Moose

זְאֵב

Wolf

✦הָאַיָּל הַקּוֹרֵא הוּא שַׂחְיָן מְצוּיָּן וְיָכֹל לִצְלוֹל תַּחַת הַמַּיִם כְּדֵי לֶאֱכוֹל צְמָחִים!

✦*A moose is a great swimmer and can dive underwater to eat plants!*

סְנָאִי

Squirrel

קוֹאָלָה

Koala

✦הַסְּנָאִי מַחְבִּיא אֱגוֹזִים לַחֹרֶף, אֲבָל לִפְעָמִים שׁוֹכֵחַ אֵיפֹה הִנִּיחַ אוֹתָם!

✦*A squirrel hides nuts for winter, but sometimes forgets where it put them!*

גּוֹרִילָה

Gorilla

חַיּוֹת בַּר
Wild Animals

הִיפּוֹפּוֹטָם

Hippopotamus

פַּנְדָּה

Panda

שׁוּעָל

Fox

קַרְנַף

Rhino

אַיָּל

Deer

דַּג זָהָב
Goldfish

כֶּלֶב
Dog

✦ יֵשׁ תּוּכִּים שֶׁיְּכוֹלִים לַחְזֹר עַל מִלִּים וַאֲפִלּוּ לִצְחוֹק כְּמוֹ בֶּן אָדָם!

✦ *Some parrots can copy words and even laugh like a human!*

חָתוּל
Cat

תּוּכִּי
Parrot

חַיּוֹת מַחְמָד
Pets

קָנָרִית
Canary

חֲזִיר גִּינֵיאָה
Guinea Pig

✦ צְפַרְדֵּעַ יְכוֹלָה לִנְשֹׁם גַּם דֶּרֶךְ עוֹרָהּ וְגַם דֶּרֶךְ רֵאוֹתֶיהָ!
✦ *A frog can breathe through its skin as well as its lungs!*

צְפַרְדֵּעַ
Frog

אוֹגֵר
Hamster

חֲזִיר

Pig

אַרְנֶבֶת

Rabbit

לָאמָה

Llama

✦עֵז יְכוֹלָה לְטַפֵּס עַל סְלָעִים תְּלוּלִים
וַאֲפִלּוּ עַל עֵצִים!

✦*A goat can climb steep rocks and even trees!*

עֵז

Goat

טַוָּס

Peacock

תַּרְנְגוֹל הוֹדּוּ

Turkey

חַיּוֹת בַּחֲוָה
Animals at the Farm

פָּרָה

Cow

תַּרְנְגוֹלֶת

Chicken

בַּרְוָז

Duck

כֶּבֶשׂ

Sheep

סוּס

Horse

מֵחוּשְׁתָן

Lobster

נִיבְתָן

Walrus

✦לְמֵחוּשְׁתָן יֵשׁ דָּם כָּחוֹל.

✦*A lobster has blue blood.*

✦כֶּלֶב יָם יָכוֹל לְהַחְזִיק אֶת נְשִׁימָתוֹ לְמַעְלָה
מִ-30 דַּקּוֹת תּוֹךְ כְּדֵי צְלִילָה!

✦*A seal can hold its breath for 30 minutes while diving underwater!*

כֶּלֶב יָם

Seal

סַרְטָן קְצַר בֶּטֶן

Crab

חַיּוֹת בַּמַּיִם
Animals in Water

אַלְמוֹג
Coral

תְּמָנוּן
Octopus

דּוֹלְפִין
Dolphin

מְדוּזָה
Jellyfish

✦לַתְּמָנוּן יֵשׁ שְׁלוֹשָׁה לְבָבוֹת וְהוּא יָכֹל לְשַׁנּוֹת צֶבַע כְּדֵי לְהִסְתַּתֵּר!

✦*An octopus has three hearts and can change colors to hide!*

סוּסוֹן יָם
Seahorse

כָּרִישׁ
Shark

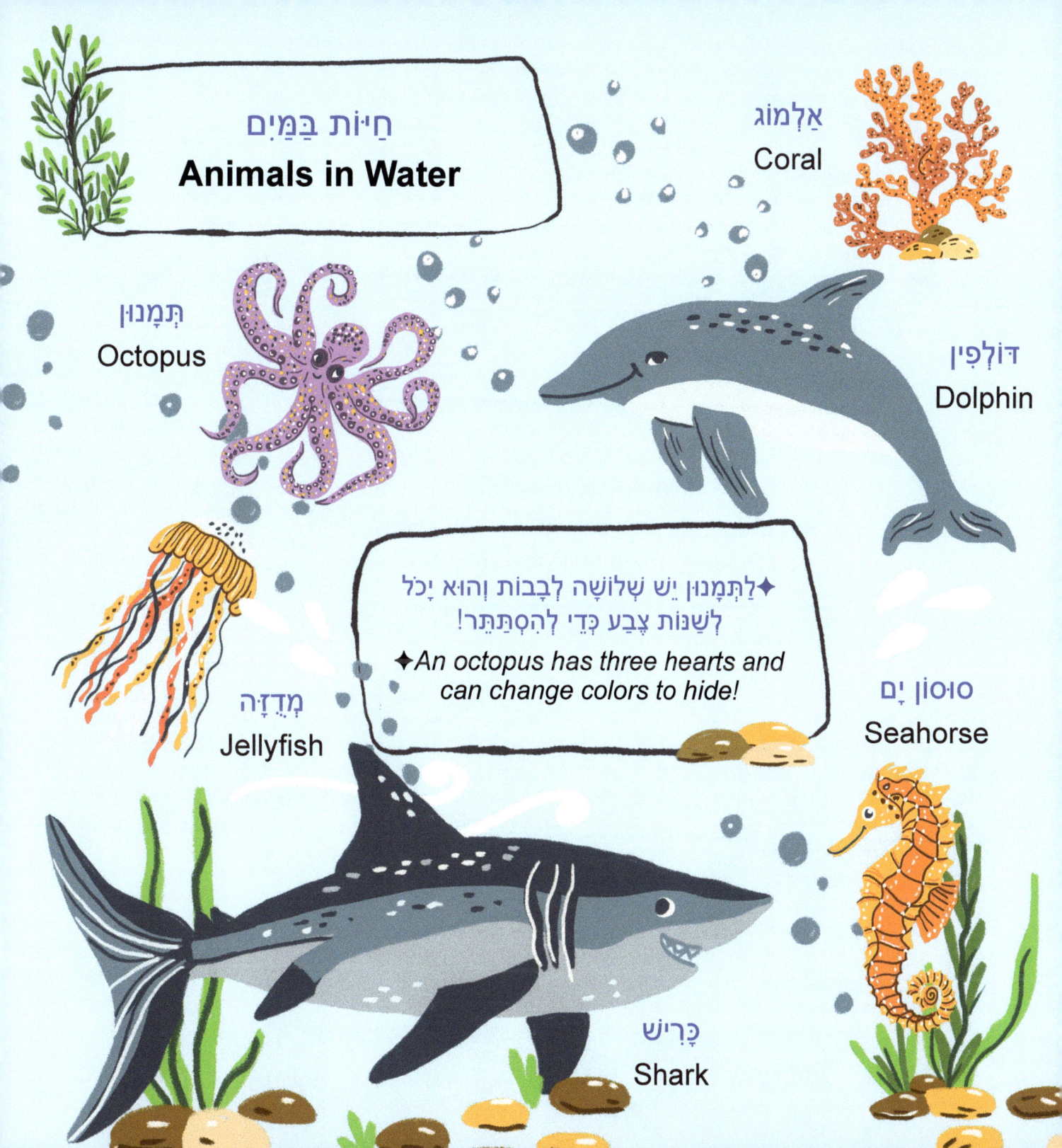

יָתוּשׁ

Mosquito

שַׁפִּירִית

Dragonfly

✦שַׁפִּירִית הָיְתָה אַחַת הַחַיּוֹת הָרִאשׁוֹנוֹת בָּעוֹלָם, גַּם לִפְנֵי הַדִּינוֹזָאוּרִים!

✦*A dragonfly was one of the first insects on Earth, even before dinosaurs!*

דְּבוֹרָה

Bee

פַּרְפַּר

Butterfly

פָּרַת מֹשֶׁה רַבֵּנוּ

Ladybug

חַיּוֹת בַּשָּׁמַיִם
Animals in the Sky

נַקָּר
Woodpecker

שַׁחַף
Seagull

✦הַנֵּץ יָכֹל לִרְאוֹת עַכְבָּר קָטָן מִמֶּרְחַקִּים בַּשָּׁמַיִם!

✦*A hawk can spot a tiny mouse from high up in the sky!*

נֶשֶׁר
Eagle

יוֹנָה
Pigeon

נֵץ
Hawk

גִּירִית

Badger

דָּרְבָּן

Porcupine

מַרְמִיטָה

Groundhog

✦לַלְטָאָה יֵשׁ יְכוֹלֶת לְהַצְמִיחַ זָנָב חָדָשׁ אִם הִיא מְאַבֶּדֶת אוֹתוֹ!

✦*A lizard can grow a new tail if it loses one!*

לְטָאָה

Lizard

נְמָלָה

Ant

חַיּוֹת עַל הַיַּבָּשָׁה
Animals on Land

חָגָב

Grasshopper

נָחָשׁ

Snake

✦הַנָּחָשׁ מֵרִיחַ דֶּרֶךְ הַלָּשׁוֹן וְלֹא הָאַף!

✦*A snake smells with its tongue instead of its nose!*

דֹּב נְמָלִים

Anteater

זַחַל

Caterpillar

תּוֹלַעַת

Worm

חֲתוּלֵי בַּר
Wild Cats

פּוּמָה

Puma

אַרְיֵה

Lion

בַּרְדְּלָס

Cheetah

✦הַבַּרְדְּלָס הוּא הַחַיָּה הַמְּהִירָה בְּיוֹתֵר עַל הַיַּבָּשָׁה.

✦A cheetah is the fastest animal on land.

שׁוּנָר

Lynx

פַּנְתֵּר

Panther

חַיּוֹת קְסוּמוֹת
Magical Animals

חַד קֶרֶן

Unicorn

פֶּגָסוּס

Pegasus

דְּרָקוֹן

Dragon

בַּת־יָם

Mermaid

חַיּוֹת קְטַנּוֹת
Small Animals

זִיקִית

Chameleon

עַכָּבִישׁ

Spider

✦הַיָּעֵן הוּא הָעוֹף הַגָּדוֹל בְּיוֹתֵר,
אֲבָל לֹא יָכוֹל לָעוּף!

✦*An ostrich is the biggest bird, but it cannot fly!*

דְּבוֹרָה

Bee

✦הַחִלָּזוֹן נוֹשֵׂא אֶת בֵּיתוֹ עַל גַּבּוֹ
וְזוֹחֵל לְאַט מְאוֹד.

✦*A snail carries its home on its back and moves very slowly.*

חִלָּזוֹן

Snail

עַכְבָּר

Mouse

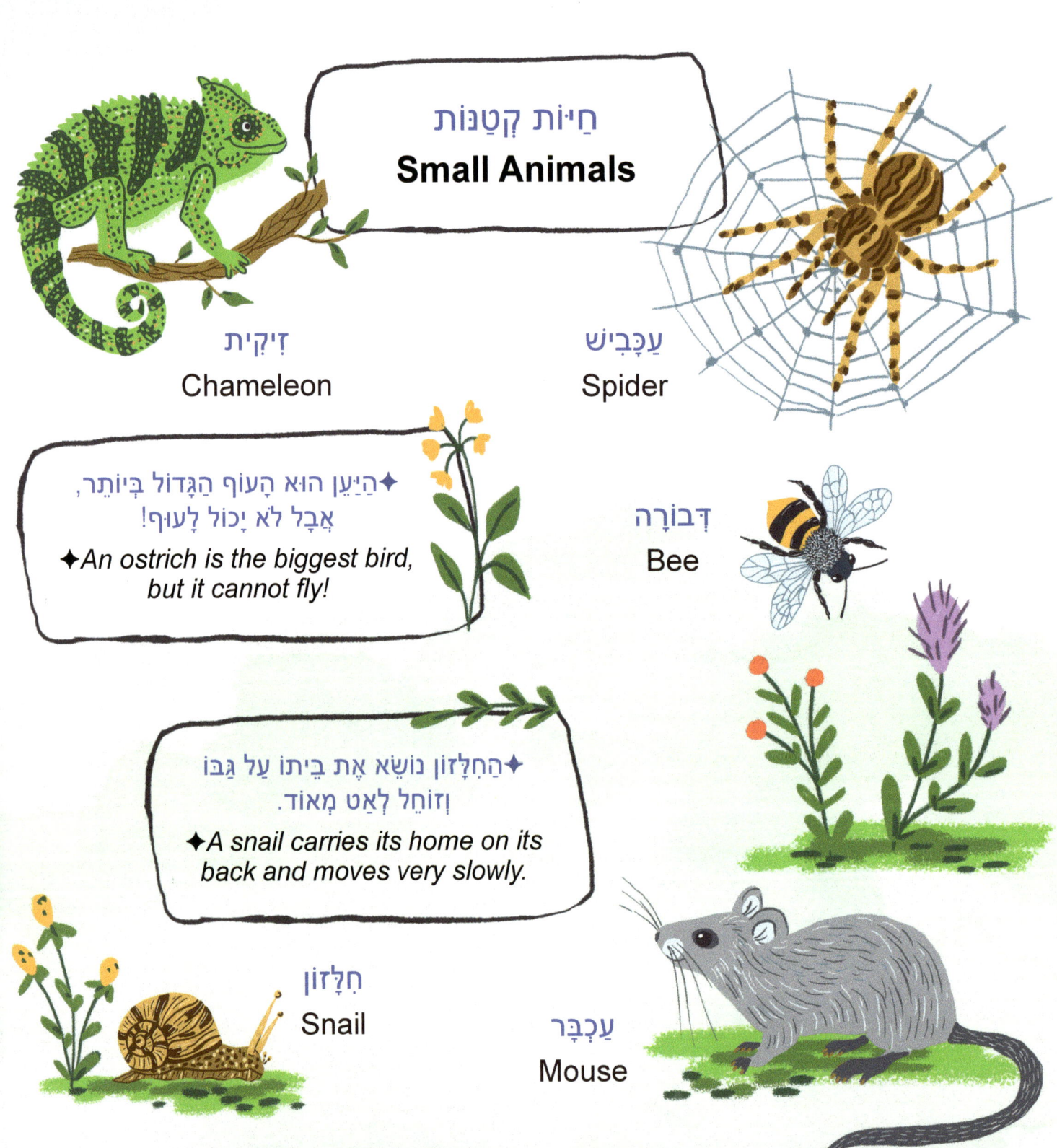

חַיּוֹת גְּדוֹלוֹת
Big Animals
לִוְיָתָן
Whale
נִיבְתָן
Walrus
תְּאוֹ
Buffalo
יָעֵן
Ostrich
הִיפּוֹפּוֹטָם
Hippopotamus
בִּיזוֹן
Bison

חַיּוֹת רוֹעֲשׁוֹת

Loud Animals

תַּרְנְגוֹל
Rooster

חֲמוֹר
Donkey

צְפַרְדֵּעַ
Frog

זְאֵב
Wolf

צָבוֹעַ
Hyena

חַיּוֹת שְׁקֵטוֹת
Quiet Animals

פָּרַת מֹשֶׁה רַבֵּנוּ

Ladybug

צָב

Turtle

✦הַצָּב יָכוֹל לָגוּר בְּיַבָּשָׁה וּבַמַּיִם.

✦*A turtle can live both on land and in water.*

דָּג

Fish

לְטָאָה

Lizard

חַיּוֹת בַּג'וּנְגֶל
Jungle Animals

אוֹרָנְגּוּטָן
Orangutan

פַּנְתֵּר
Panther

טוּקָן
Toucan

גּוֹרִילָה
Gorilla

אִיגוּאַנָה
Iguana

אֲנָקוֹנְדָה
Anaconda

עַצְלָן
Sloth

חַיּוֹת קֹטֶב
Polar Animals

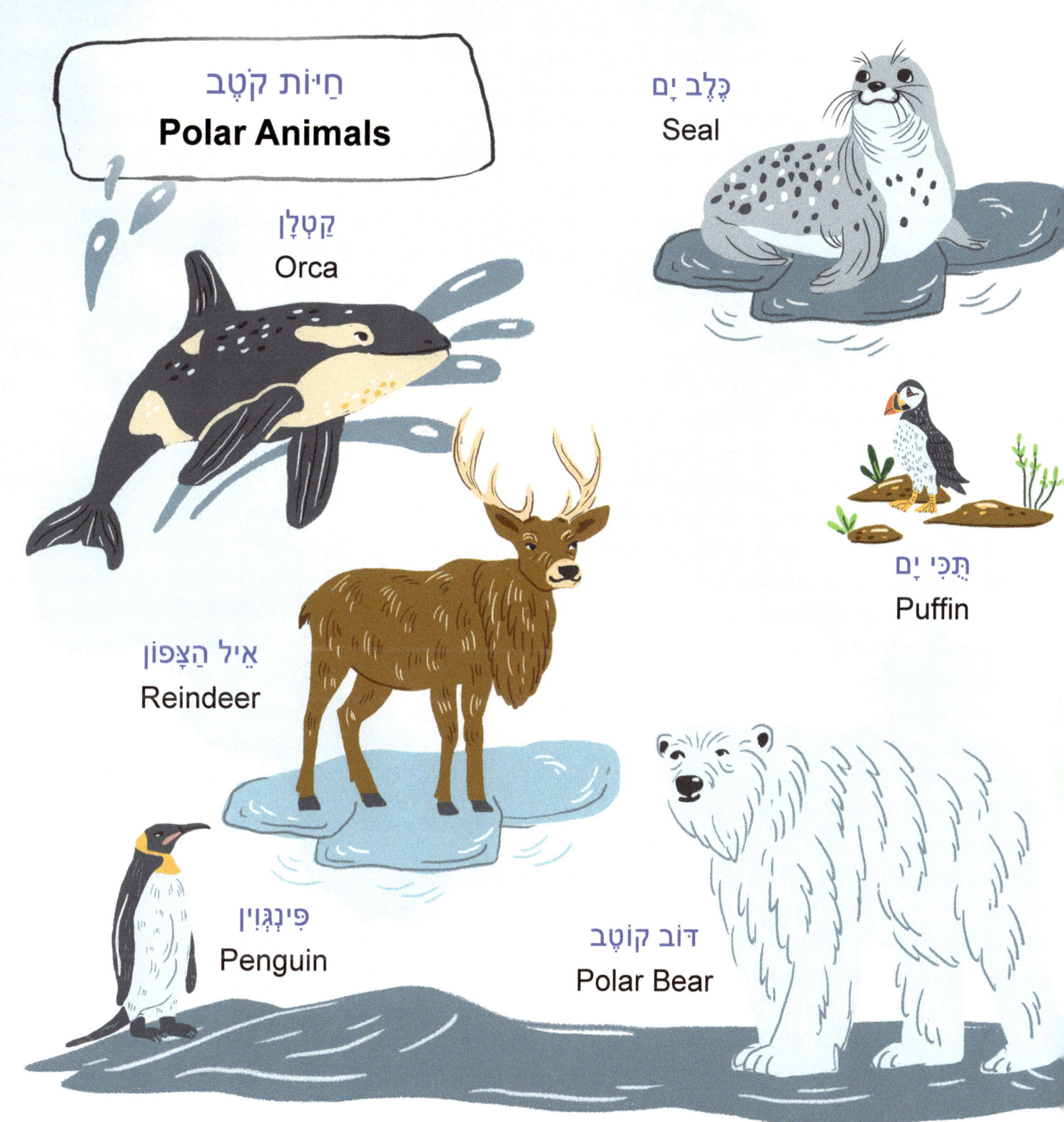

יַנְשׁוּף
Owl

עֲטַלֵּף
Bat

✦הַיַּנְשׁוּף צָד בַּלַּיְלָה וּמִשְׁתַּמֵּשׁ
בַּשְּׁמִיעָה כְּדֵי לִמְצֹא מָזוֹן!

✦*An owl hunts at night and uses its hearing to find food!*

✦הַגַּחְלִילִית זוֹהֶרֶת בַּלַּיְלָה כְּדֵי
לִמְצֹא גַּחְלִילִיּוֹת אֲחֵרוֹת.

✦*A firefly glows at night to find other fireflies.*

דְּבִיבוֹן
Raccoon

טָרַנְטוּלָה
Tarantula

חַיּוֹת לַיְלָה
Nighttime Animals

גַּחֲלִילִית
Firefly

גִּירִית
Badger

צִפּוֹר קִיוִי
Kiwi Bird

נָמֵר
Leopard

קִפּוֹד
Hedgehog

דֹּב הַקֹּטֶב לָבָן

A polar bear is white

הַשּׁוּעָל כָּתוֹם

A fox is orange

דֹּב הַקּוֹאָלָה אָפֹר

A koala is grey

הַפַּנְתֵּר שָׁחוֹר

A panther is black

הָאֶפְרוֹחַ צָהוֹב

A chick is yellow

חַיּוֹת צִבְעוֹנִיּוֹת

Colorful Animals

הַפְּלַמִּינְגוֹ וָרֹד

A flamingo is pink

הַיַּנְשׁוּף חוּם

An owl is brown

הַבַּרְבּוּר לָבָן

A swan is white

הַתְּמָנוּן סָגֹל

An octopus is purple

הַצְּפַרְדֵּעַ יְרֻקָּה

A frog is green

✦הַצְּפַרְדֵּעַ יְרֻקָּה, כָּךְ הִיא יְכוֹלָה לְהִסְתַּתֵּר בֵּין הֶעָלִים.

✦*A frog is green, so it can hide among the leaves.*

פַּרְפַּר וְזַחַל
Butterfly and Caterpillar

כֶּבֶשׂ וְטָלֶה
Sheep and Lamb

סוּס וּסְיָח
Horse and Foal

חֲזִיר וַחֲזִירוֹן
Pig and Piglet

עֵז וּגְדִי
Goat and Kid

חַיּוֹת וְהַגּוּרִים שֶׁלָּהֶן
Animals and Their Babies

פָּרָה וְעֵגֶל
Cow and Calf

חָתוּל וְחֲתַלְתּוּל
Cat and Kitten

תַּרְנְגוֹלֶת וְאֶפְרוֹחַ
Chicken and Chick

✦ הָאֶפְרוֹחַ מְדַבֵּר עִם אִמּוֹ גַּם לִפְנֵי שֶׁהוּא בּוֹקֵעַ.
✦ *A chick talks to its mother even before it hatches.*

כֶּלֶב וּכְלַבְלַב
Dog and Puppy